BADEURLAUB IN THAILAND

Die ideale Strandlektüre

von

Maiki Sanuk

IMPRESSUM

© 2007 Maiki Sanuk

2. Auflage 2010

Herstellung und Verlag:
Books on Demand GmbH Norderstedt

ISBN: 9783833496011

INHALT

 7 - Vorwort

10 - das erste Mal in Thailand?

14 - das tropische Klima und der Strand

19 - Urlaub in der Bambushütte

24 - wichtige Überlebensstrategien

27 - was für Klamotten nehme ich mit?

30 - überwinden Sie Ihr West Ego

33 - zwei verschiedene Welten

35 - Reisezeit und Regenzeit

37 - Familienurlaub mit Kindern

39 - Kosten und Unterkünfte
41 - Massage und andere Vergnügen
43 - Feste feiern
44 - Urlaub zu Zweit
45 - Blumen, Tiere und die Natur
48 - erste Kontakte zur Bevölkerung
52 - Single Urlaub ...
         ... große Liebe gefunden ?

57 - Urlaub zu Ende ... was dann ?
58 - Krankheiten
60 - Fehler vermeiden

VORWORT

Ein Badeurlaub ist nicht gleich Badeurlaub. Es gibt einen Unterschied, ob man sich in Südfrankreich oder in Thailand für Stunden an den Strand legt um sich zu bräunen und die *göttliche Kraft* der Sonne tanken möchte. Die süd-ost-asiatische Natur ist wesentlich stärker und intensiver als die europäische. Da wir in Deutschland nur während weniger Wochen im Jahr uneingeschränkten Sonnenschein von der Natur bekommen haben, möchten wir natürlich in unserem wohlverdienten Urlaub all diese Defizite komprimiert nachholen. Das ist ja auch verständlich. Dabei sollten wir aber viele Dinge unbedingt beachten, sonst kommen wir noch abgespannter aus dem Urlaub nach Hause zurück, als wir schon hingefahren sind.

Ich habe *viele Jahre* meines Lebens in Thailand unter Palmen an den Stränden verbracht und kenne die Thaibevölkerung sehr gut.

Thais sind witzig und haben einen bemerkenswerten Humor. So sprechen sie von den weißen Mehlsäcken, die sich in regelmäßigen Abständen vom Strand ins Wasser quälen um sich etwas abzukühlen. Auch sieht es manchmal so aus, als ob ein tief gefrorenes Stück Fleisch aus dem eisigen

Kühlschrank bestimmter europäischer Regionen sich langsam am Strand auftauen lässt. In der Tat sehen das die Thais mit realistischen Augen. Es geht nicht nur darum, dass der verfrorene Körper aufgetaut wird, sondern der Geist und die *gesamte deutsche Persönlichkeit* werden in ihren Grundstrukturen erschüttert, falls die gnadenlose göttliche Sonne über längere Zeit auf unseren ausgebleichten und kraftlosen weißen Körper herunterprasselt.

Viele Menschen in Deutschland können nur mit Not die anfallenden Heizkosten im Winter bezahlen. Die Kosten steigen in gigantische Höhen, nicht nur fürs Heizen. Jetzt lesen wir fast jeden Tag in den deutschen Zeitungen, dass wir in Deutschland zu den reichen Industrienationen der Welt gehören. Thailand soll angeblich ein *armes Land* sein. Thais haben kein Geld für Heizkosten … sie brauchen das ja nicht! Die Deutschen bezahlen jeden Monat eine Menge Geld für die Kranken-, Renten- oder Arbeitslosenversicherung. In Thailand ist das so, dass all diese Sicherheitsmaßnahmen zum größten Teil überflüssig sind, weil *die Familie* diese Sachen übernimmt. Die Familie, ob Oma, Opa, Tante, Schwager, Mama, Papa, Bruder, Schwester oder Kinder, hilft jedem, der in eine Notlage gerät. Natürlich gibt es *kein Paradies* auf Erden. Ausnahmen bestätigen die Regel. Lesen Sie dieses Buch, und verbringen Sie einen erholsamen und unvergesslichen Urlaub in Thailand am *sonnigen Strand* unter Palmen! Nachdem Sie wieder nach dem Urlaub in Frankfurt oder anderswo mit dem Flugzeug gelandet sind, können Sie sich fragen: Wer ist eigentlich *arm*, und wer ist *reich?*

… Ich kann Ihnen jetzt schon eine Antwort auf diese Frage geben: *niemand ist arm oder reich!* Es ist einfach nur „anders". Sie können nicht die Frage stellen: was ist besser, Thailand oder Deutschland? Handeln und beurteilen Sie nach den Regeln der berühmten Philosophie des *Buddhismus*: ich frage meinen eigenen Verstand und meine Gefühle, dann werde ich zumindest einen Teil von der *Wahrheit* bekommen. Sie fühlen sich in Thailand am Strand wohl, dann entspricht das der Wahrheit. Kommen Sie wieder zurück nach Old Germany, dann fragen Sie sich, wie es Ihnen so geht! Sie haben jeden Monat das geliebte Geld auf dem Konto, aber was ist darüber hinaus auch noch schön?

Testen Sie Ihr Leben aus, und finden dann Ihre ganz persönliche Wahrheit!

DAS ERSTE MAL IN THAILAND ??

Sie sind vermutlich das erste Mal überhaupt in Ihrem Leben in einen Urlaub mit dem Ziel Asien gefahren. Dies ist mit Sicherheit ein wichtiges Ereignis. Asien ist ein völlig andersartig gestalteter Lebensbereich, als man ihn in dem Erdteil Europa antrifft. Von der anatomischen Seite her sind die Menschen nicht so *wuchtig und groß*, wie dies in Europa der Fall ist. Die Menschen sind im Durchschnitt kleiner und zierlicher. Allerdings muss gesagt werden, dass die körperlichen Proportionen der Asiaten in den meisten Fällen wesentlich ausgewogener und ästhetischer ausfallen, als das bei den europäischen Menschen der Fall ist.

Wenn Sie am *Airport in Bangkok* ankommen, könnte es passieren, dass Sie sich zunächst wie ein unförmiges und steifes großes *Monster* vorkommen. In der Tat ist das nicht nur ein sehr komisches Gefühl, sondern es birgt auch eine Menge Wahrheit und Realität in sich: Asiaten allgemein sind wesentlich lockerer – zumindest was die körperliche Konstitution anbetrifft. Der Hals ist lockerer, die Hüften geschmeidig, Arme und Beine scheinen sich ohne Verkrampfung zu bewegen.

Ich habe viele Jahre meines Lebens in diesem recht bemerkenswerten asiatischen Land verbracht. Viele *westliche Frauen* - Deutsche, Holländerinnen oder Amerikanerinnen - waren sichtlich geschockt vom Anblick der grenzenlosen Lockerheit der *Asiatinnen.* Diese sehr extreme Lockerheit bezieht sich jedoch nur auf das äußere Erscheinungsbild. Dies muss ich ausdrücklich betonen. Bitte verstehen Sie das nicht falsch! Thailändische Frauen sind in ihrem Innern nicht so locker, wie dies zunächst von außen erscheint.

Thaimänner bewegen sich genauso unbeschwert wie die Thaifrauen. Es scheint, als hätten die Asiaten einen anderen Konstruktionsplan in den Genen eingebaut, als man das von uns Deutschen gewohnt ist.

Kommen Sie das erste Mal nach Thailand, so werden Sie mit hoher Wahrscheinlichkeit von dem überall erkennbaren und sehr entspannten Allgemeingefühl überrascht sein. Alles scheint ganz locker und unbeschwert über die Bühne zu gehen. Sie werden kaum jemanden sehen, welcher hektisch und gestresst umherirrt. Die Leute haben Zeit ohne Ende. Haben Sie einen Anschlussflug gebucht, der auf 14 Uhr angesetzt ist, so sollte man sich nicht wundern, wenn 5 Minuten vor dem geplanten Abflug das thailändische Personal der entsprechenden Fluggesellschaft mit dem Einchecken der Koffer oder dem Kontrollieren der Passagiere noch nicht fertig ist. Wen wird es stören, wenn der Flieger statt um 14 Uhr erst um 14 Uhr 30 abhebt? Thais nehmen es mit der Uhrzeit nicht so genau, wie wir es in Deutschland gewöhnt sind.

War jemand noch nie in Asien, so kommt ziemlich schnell nach der Landung mit dem Flugzeug der *Kulturschock*!

Alles ist anders und ungewohnt.

Unglaublich viele Menschen tummeln sich auf den Strassen. Thailand ist im Gegensatz zu Deutschland eine frische und jugendliche Gesellschaft. Extrem viele Kinder und Jugendliche sind überall zu sehen. Während in Deutschland in der Öffentlichkeit meist viele ältere oder alte Menschen das Bild bestimmen, so ist das in Thailand gerade umgekehrt.

In den *großen Städten* müssen Sie mit einer sehr hohen Lärmbelästigung rechnen. Verkehrspolizisten tragen einen Mundschutz, weil die Autoabgase extrem die Luft belasten.

Haben Sie nur den Flug nach Thailand gebucht, und wissen nach der Ankunft in Bangkok noch nicht genau wo die Reise hingehen soll, so sollten Sie nicht überstürzt handeln, was die Planung des weiteren Urlaubes betrifft.

Kulturschock, das kann Vieles bedeuten:

Temperaturunterschiede von über 30 Grad müssen verkraftet werden, falls die Urlauber aus dem tiefsten deutschen Winter ins tropische Paradies fliegen. 30 Grad im Schatten am Ufer eines Baggersees in Deutschland sind nicht mit 30 Grad in Thailand zu vergleichen. Das Zauberwort: die extrem hohe Luftfeuchtigkeit. Stress und Hektik kann sich in Thailand niemand leisten *... das ist tödlich!* Sie bekommen sofort einen Schweißausbruch, falls Sie noch schnell mal in die Stadt (z.B. Bangkok) müssen, um was zu erledigen. Planen Sie Ihren ganzen Aufenthalt in einem asiatischen Land ohne die Faktoren *Stress und Eile,* sonst wird der Urlaub noch zu einem *Horrortrip*!

Sie sind das erste Mal in Thailand? Wie schön! *Freuen Sie sich* auf ein unvergessliches Erlebnis, was vielleicht immense Auswirkungen auf das spätere Leben haben wird. Ich habe Leute getroffen, die waren so geschockt von der andersartigen Kultur, dass sie nie mehr wieder nach Thailand kommen wollten. Andere hingegen sind dort irgendwie „hängengeblieben" und wollten nie mehr wieder zurück in die europäische Heimat.

Irgendwo, zwischen diesen beiden Extremen, werden Sie sich wieder finden!

DAS TROPISCHE KLIMA UND
DER STRAND

Endlich Urlaub! Nur weg aus Deutschland!
In Deutschland haben wir gerade Januar. Das
Thermometer zeigt 8 Grad Minus an. Eisige
Kälte. In Bangkok angekommen steigen wir
aus dem Flugzeug. Die Klimaanlage des
Flughafengebäudes ist auf ca. 17 - 19 Grad
Plus eingestellt. Für die Thais ist es einfach
nur schön, wenn es kühl ist. Sie ziehen gerne
eine warme Jacke an, Hauptsache die Luft ist
erfrischend kalt. Außerhalb des Airports
herrschen so zwischen 30 und 35 Grad im
Schatten! Vermutlich werden Sie direkt vom
Flughafen gleich in einen Bus verfrachte, der
dann auf dem schnellsten Wege das gebuchte
Hotel ansteuert. Jedes Privatauto und jeder
Reisebus in Thailand sind mit einer
Klimaanlage ausgestattet.

Im Hotel angekommen, werden sich die
Urlauber mit Sicherheit zunächst im
wohltemperierten und für drei Wochen
gebuchten Zimmer an die neue Heimat im
heißen Tropenparadies eingewöhnen wollen.

Zumindest wird dieser Prozess so lange
dauern, bis die Koffer ausgepackt, der
Ausblick aus dem Fenster gecheckt und die
Dusche und Toilette auf Sauberkeit überprüft
sind …

Jetzt beginnt der eigentliche Strandurlaub.

Wo ist der Strand?

Der Strand ist meist nicht weit von Ihrem Hotel entfernt. In den meisten Fällen müssen Sie nicht mehr als 5 oder 10 Minuten per Fuß die Strecke bewältigen. Haben Sie ein exklusives und teures Hotel gebucht, so ist der Strand direkt vor Ihrem Fenster.

Andernfalls werden Sie schon nach ein paar Minuten sehen, dass es in Thailand sehr sehr heiß ist! Die unerbittliche Sonne prasselt auf die weiße und ausgebleichte Haut herab. Es ist eine herrliche Wohltat. *Sonnenanbeter* werden hier voll auf ihre Kosten kommen. In Thailand sind Sie wesentlich näher am Äquator als wenn Sie sich in Deutschland aufhalten. Sie sind der Sonne näher. Die Strahlung ist intensiver. Wollen Sie sich nicht körperlich schaden, so sollte man am ersten Tag nicht länger als eine halbe Stunde direkt in der Sonne bleiben. Wenn Sie sich einen *Sonnenbrand* holen, so ist das ganze Urlaubsfeeling schnell dahin. Einen Sonnenbrand zu kurieren dauert viele Tage des kostbaren Urlaubs. Am ersten Tag wird niemand braun. Wollen die Touristen schön gebräunt wieder nach Hause kommen, so müssen schon einige grundlegende Regeln beachtet werden: Langsam … langsam … langsam …

Man sollte sich während der ersten Tage nie länger als eine *halbe Stunde* der Sonne aussetzen. Wenn Sie von der Unterkunft bis zum Strand ca.10 Minuten zu Fuß unterwegs sind, so sind das zusammen schon 20 Minuten, rechnen Sie den Rückweg mit ein. Bleiben für den Strand noch maximal 20 Minuten direktes Sonnenbad.

Suchen Sie sich ein *schattiges Plätzchen* unter einer Palme oder unter einem Sonnenschirm. Die Strahlung der Sonne wird vom Meer reflektiert und es kommen noch genügend UV-Strahlen an der empfindlichen weißen Haut an.

Die Bräune im Schatten ist schöner und ästhetischer. Die Bräune durch das direkte Sonnenbad ist kein richtiges Braun, sondern eine Mischung aus Rot und Braun.

Eines sollte man nie vergessen:

Der Strand bedeutet für die Einheimischen etwas völlig anderes als für die weißen Touristen. Menschen, die direkt oder in der Nähe vom Strand geboren oder aufgewachsen sind, haben eine meist zwiespältige Haltung zu diesem gigantischen Teil der Natur. Der Strand war noch vor wenigen Jahren, bevor die Touristen kamen, schlicht und einfach *Arbeitsplatz*. Das Meer bietet Nahrung. Auch kann man durch den Verkauf von selbst gefangenen Fischen ein bisschen Geld verdienen. Der Strand und das Meer bieten eine Menge wohlschmeckende Leckereien: *Unzählige* Arten von Fischen, Krebsen oder Muscheln sind die wichtigsten *Meeresfrüchte.*

Die armen Fischerleute hatten früher noch nicht einmal ein Boot um aufs Meer hinaus zu fahren. Sie mussten stundenlang bis zur Brust im salzigen Wasser umhergehen, um zumindest mit der Leine und einem Haken ein paar Fische für das Abendessen zu fangen. *Fischerfamilien* mit einem eigenen Boot, das sogar einen kleinen Motor hatte, durften sich schon als reich betrachten! Das salzige Wasser und die unerbittliche Sonne ließen die Haut schnell alt werden und jeder wusste, dass man es bei diesen Menschen mit armen Fischern zu tun hatte. Selten sieht man deshalb in der heutigen Zeit erwachsene Thais, die sich ungeschützt am Strand tummeln. Lediglich Kinder spielen dort und machen ihre ersten Schwimmversuche.

Das tropische Klima:

Heiß und feucht. Viel mehr kann man dazu nicht sagen. Einen Winter wie wir ihn von vielen anderen Regionen der Erde kennen, gibt es in Thailand nicht. Es gibt in Thailand eigentlich nur *drei Jahreszeiten*. Die Begriffe wie Frühling, Sommer, Herbst und Winter kann man nicht auf die tropischen Verhältnisse übertragen. Das tropische Land des Lächelns kennt drei Jahreszeiten, die in ihren Eigenschaften ganz anders zu bewerten sind, als wir Europäer es kennen. Es ist zum einen die berühmte *Regenzeit* (der Monsun), die *kühle und trockene* Phase und die *heiße und feuchte* Zeit. Für uns Europäer bedeutet die kühle und trockene Phase einen angenehmen Sommer, wie wir ihn von vielen Ländern Europas kennen. Die heiße und feuchte Zeit ist für die meisten von uns beschwerlich. Dass bis zu 35 oder 40 Grad in den Mittagsstunden im Schatten gemessen werden, kann manch einer noch vertragen. Kommt jedoch die hohe *Luftfeuchtigkeit* hinzu, muss man sehr guter Gesundheit sein, um da noch gut drauf zu sein. Selbst Thais, die in diesem Klima aufgewachsen sind, liegen bei solchen Temperaturen mittags um Zwölf flach auf dem Bett und lassen sich entweder vom Ventilator, der an der Zimmerdecke angebracht ist oder als mobiles Standgerät neben das Bett gestellt wird, abkühlen, oder sie drehen die Klimaanlage (air-condition) im eigenen Haus oder gemieteten Wohnung voll auf. Die Regenzeit ist gar nicht so schlimm, wie wir es vielleicht vermuten würden. Es prasselt mal ein oder zwei Stunden eine Menge Wasser vom Himmel herab, dann kommt wieder die Sonne heraus. Fällt die Regenzeit etwas heftiger aus, so kann es auch mal einen halben

Tag richtig regnen. Für die Thais ist der **Monsun** eine willkommene Wohltat. Was bei uns der unwirtliche kalte Winter ist, der in irgendeiner Weise schon eine Bedrohung für die menschliche Existenz darstellt, ist in Thailand das extrem heiße Klima. Die Leute haben Angst durch die Hitze zu sterben.

Im Kapitel **Reisezeit und Regenzeit** erzähle ich mehr. Eines sei gleich bemerkt: bei all den Klimadiskussionen ist die Region um **Ko Samui** die große Ausnahme. **Ko** bedeutet in der thailändischen Sprache **Insel**. Ko Samui hat sein **eigenes Klima** und auch seine ganz speziellen Reisezeiten.

URLAUB IN DER BAMBUSHÜTTE

Ich kam vor vielen Jahren das erste Mal nach Thailand. Soweit ich mich erinnern kann, war das um das Jahr 1983 oder 1984. Ich weiß das deshalb so genau, weil es in irgendeinem Zusammenhang mit dem berühmten Roman und Film mit dem Titel **1984** von **George Orwell** war oder ist. Es war wie eine Art Vorsehung gewesen. Mit meiner damaligen deutschen Freundin hatte ich unendlich viele Streitereien wegen allen möglichen Sachen. Sie wusste, dass ich nicht abgeneigt war, hier und da mal einen Joint zu rauchen. Auch war ich den heilenden Kräften von diversen

Naturprodukten die den Schmerz der bösen Welt schnell vergessen lassen, wie zum Beispiel *Opium*, nicht abgeneigt. Dann sagte sie mir, dass ein Studienkollege von ihr aus einem Urlaub von Thailand zurückgekommen wäre, der berichtet hätte, dass viele Frauen in Thailand sehr schnell zu den Touristen *I love you* (ich liebe Dich) sagen würden. Mehr wusste ich nicht über das Land des Lächelns.

Das Irre an der ganzen Sache war das, dass ich bei Ankunft am Flughafen von Bangkok einen Holländer traf, der mir verblüffend ähnlich sah! Das ist jetzt schon über 20 Jahre her. Dieser Holländer erzählte mir von dem Geheimtipp *Krabi.* Diese Region im Süden von Thailand war damals mit Sicherheit noch ein Geheimtipp. Bundesländer nennen sich in Thailand *Provinzen.* Krabi ist die Hauptstadt der Provinz Krabi. Ich kenne Krabi noch aus der Zeit, als ein mit Steinen und Beton gebautes Haus eine Seltenheit war. Krabi war früher ein kleines verträumtes Fischerdorf, welches fast ausschließlich aus Holzhäusern bestand. Es ist unglaublich: heute besitzt Krabi einen internationalen Flughafen, auf dem in der Hauptsaison Flugzeuge landen, die non-stop unter anderem von Stockholm kommen, und Hunderte bis Tausende von Touristen in die ewige Sonne befördern.

Ein ähnliches *Spektakel* hatte ich früher

schon einmal erlebt: Die spanische Insel *La Gomera.* Wer kennt sie heute nicht? Die mittlerweile berühmte Insel neben Teneriffa war jahrelang auch Geheimtipp gewesen. Vor meiner Thailandzeit, die vor nun fast schon 25 Jahren begann, hatte ich als Aussteiger öfters auf *Gomera* überwintert.

Die Bambushütte ist und war für die Menschen in Thailand, welche direkt am Meer oder in der Nähe zu Hause sind, die ursprüngliche und kostengünstigste Behausung. Man muss keinen Bausparvertrag abschließen oder einen anderen Kredit aufnehmen, um sich ein komfortables Heim zu schaffen. Die Bambushütte kann in Form eines kleinen 1-Zimmer Hauses oder in Form eines 5-Zimmer Hauses oder noch größer ausfallen. Grundpfeiler und tragende Teile werden aus dem recht stabilen Holz des Bambus gemacht. Das Dach besteht aus aneinander gereihten Segmenten, die aus den Blättern der Kokusnusspalme geflochten werden. Durch die Erfindung des Betons kann man hier und da die Verwendung dieses Werkstoffes beobachten. Insbesondere beim Bau der Toilette oder der Ausführung des Bodens der Behausung ist Zement sehr beliebt.

Die *Bambushütte zum Mieten* für die Touristen sieht man in den bekannten Urlaubszentren immer weniger. Wo noch vor wenigen Jahren etwas zurückgesetzt vom Strand Hunderte von den so genannten *Bungalows* (das ist der internationale Begriff für die Bambushütte) standen, sieht man jetzt immer mehr komfortable Hotels entstehen. Keine Angst, nur ein paar Kilometer fern ab von den Hochburgen der Touristenzentren sind sie nach wie vor immer noch vorhanden. Jede Ansammlung von mehreren Bambushütten auf einem mehr oder weniger großen Grundstück, das meist direkt am *Beach* (Strand) liegt, wird in Thailand *Bungalow Resort* genannt. Die Namen dieser Resorts ähneln sich oft. Meist werden Begriffe wie Sunshine Resort, Good Luck Resort oder zum Beispiel Beach Bungalows verwendet. Zu einem Bungalow Resort gehört in der Regel ein kleines Restaurant, in dem annähernd das typische Thaifood angeboten wird. Den Urlaubern wird nicht ganz das originale Thaiessen angeboten, weil dies u.a. viel zu scharf ist. Auch gibt es typische thailändische Mahlzeiten, die von den Touristen wegen des Aussehens oder dem Geruch nicht verzehrt würden. Die thailändische Küche wird ein bisschen in Richtung westliches Essen modifiziert. Es schmeckt trotzdem noch sehr lecker.

Die Resorts mit bis zu einhundert Bambus-hütten haben natürlich unterschiedliche Mietpreise und demnach auch verschiedene

Standarts. Es gibt schnuckelige kleine Anlagen, die nur maximal 20 Hütten vermieten. Dann wieder welche, in denen bis zu einhundert Hütten so eng beieinander stehen, dass sich niemand dort wohl fühlt. Sie müssen es einfach ausprobieren. Schlafen Sie eine Nacht zur Probe, dann entscheiden Sie, ob Sie hier länger bleiben wollen oder nicht.

Die Bungalow Resorts werden meist von den *Rucksacktouristen* oder *Travellern* besucht. Im Internet oder anderen Medien laufen diese Anlagen unter dem Motto: low budget holiday … Urlaub mit geringen Kosten.

Was mich persönlich immer wieder an dieser Art von Unterkunft gestört hat, war die *Gruppenbildung* der Urlauber, welche sich natürlich aufgrund der verschiedenen Nationalitäten ergab. Ist in der Nähe Ihres Bungalows eine Gruppe von Engländern zum Beispiel eingezogen, und diese will längere Zeit hier bleiben, so würde ich empfehlen die Unterkunft zu wechseln, falls Sie alleine oder nur zu Zweit unterwegs sind. Manche Urlauber wollen die Abende in einer ruhigen und relaxten Atmosphäre unter Palmen verbringen, andere hingegen wiederum unendlich viele Parties feiern bis zum Abwinken. Das Eine ist so gut wie das Andere … alles zu seiner Zeit!

WICHTIGE
ÜBERLEBENSSTRATEGIEN

Essen, Trinken, Schlafen und der Umgang mit dem tropischen Klima sind schon die wichtigsten Dinge, die es zu beachten gilt. Zu jeder Klimazone oder Kultur dieser Erde gehört das spezifische Essen und Trinken. Die Grundregel: je heißer und feuchter die Luft ist, desto mehr *kleine Mahlzeiten* täglich zu sich nehmen! Europäisches oder Amerikanisches Frühstück ist nur bedingt tauglich. Ein Toastbrot mit Butter, Marmelade, ein gekochtes Ei und einem Kaffee dazu sieht zwar optisch lecker aus, ist allerdings nicht unbedingt *tropentauglich*. Wenn Sie Ihr gewohntes Frühstück auch im Urlaub nicht vermissen wollen, so sollten Sie auf jeden Fall auf etwas Warmes gleich zum Frühstück nicht verzichten. Rührei mit Schinken bietet sich hier an (ham and eggs). Beim English Breakfast sind neben den Spiegeleiern und dem angebratenen Schinken oder Speck auch noch warm gemachte Bohnen dabei.

Das tropische Klima und der unendlich große und weite Ozean zehren an der Kraft des Menschen.

Die *Portionen* in den thailändischen Restaurants sind wesentlich *kleiner*, als wir das von Europa her kennen. Sie können durchaus nach dem Aufstehen eine kleine Schüssel warme und *scharfe Nudelsuppe* mit ein paar Stückchen Schwein drin schlürfen. Das klein geschnittene Gemüse sollte nicht fehlen. Sie werden sehen, dass das gleich am Morgen schon ordentlich Kraft gibt. Sind Sie das erste Mal in Thailand, so sollten Sie sich ganz langsam an das original scharfe Thaifood heranwagen. Viel essen – von der Menge her – bringt nichts. Oftmals wenig und nahrhaft essen, das ist das Richtige.

Gebratener Reis ist auch zum Frühstück geeignet. Fried Rice with chicken (oder pork, beef, fish, vegetable, prawn oder shrimps) wird in fast allen touristisch orientierten Restaurants in der Speisekarte angeboten.

Nun zum Trinken: In tropisch heißen Klimazonen verliert der Körper durch Schwitzen extrem viele Mineralstoffe und auch noch andere lebensnotwendige Substanzen. Kaufen Sie sich nicht unbedingt das billigste Wasser, sondern schauen Sie auf das Etikett, ob vielleicht dort Hinweise zu finden sind, dass zumindest ein paar wichtige Mineralstoffe enthalten sind. Wasser wird wie bei uns zuhause meist in Plastikflaschen angeboten. In den Supermärkten werden in den letzten Jahren vermehrt Sportlergetränke angeboten, die speziell für den Verlust von viel Körperflüssigkeit konzipiert sind. Es sind original Thaiprodukte, die durchaus mit den teuren europäischen Produkten vergleichbar sind. Die überall angebotenen Fruit-Shakes und natürlich das frische Fruchtwasser von Kokusnüssen darf man nicht vergessen.

Da ich auch sehr gerne mal einen thailändischen Whisky trinke, kann ich zu diesem Thema eine Menge guter Ratschläge geben. Eine alte thailändische Faustregel: erst **nach Sonnenuntergang Alkohol** trinken! Alkohol vernichtet und entzieht dem Körper bekanntlich die wertvollen Mineralstoffe. Kommt das harte tropische Klima noch mit ins Spiel, so können gewaltige Probleme auftreten. Immer wieder werden betrunkene Touristen mit erheblichem Realitätsverlust durch *„unsachgemäßes Trinken"* Opfer von Betrügereien oder Diebstählen.

Thailänder oder Thailänderinnen, die es sich leisten können, machen um die Mittagszeit ihren wohlverdienten Mittagsschlaf, wie wir das von den Südeuropäern kennen. Sind Sie ein Langschläfer, und kommen erst um 11 Uhr morgens an den Strand, so ist das Schönste leider schon vorbei. *Die göttliche Morgensonne* zwischen 9 und 10 Uhr sollte man nicht verpassen. Sie ist so intensiv und stark, dass ihre Energie für den ganzen Tag im Körper gespeichert bleibt. Das gleiche gilt für die Abendsonne zwischen halb fünf und halb sechs Uhr abends. Sie gibt das Feeling für den Abend und die Nacht. Sich stundenlang in der prallen Mittagssonne am Beach zu tummeln bringt nicht viel. Ganz das Gegenteil: die Sonne macht Sie müde und schlaff.

Schlafen: gönnen Sie sich in den heißen Mittagsstunden ein kleines Nickerchen ...

WAS FÜR KLAMOTTEN NEHME ICH MIT ??

Grundregel: nehmen Sie so wenig wie möglich mit! Beschränken Sie das gesamte Gepäck auf das notwendige Minimum. Je schwerer und größer der Koffer ist, desto mehr Last gibt es damit. Je schwerer die Hartplastikkoffer, die diversen anderen kleineren Taschen und Köfferchen sind, welche von den Gepäckförderbändern in den Flughäfen zu den Urlaubern gebracht werden, desto schwerer sind die psychischen Probleme, welche aus Deutschland an die Strände Thailands mitgebracht werden. Die Urlauber/innen haben ja auch ganz verschieden Gründe in Urlaub zu fahren. Nicht nur sich zu sonnen und braun werden, sind wichtig, sondern auch im Hotel, in der Bungalow-Anlage oder am Beach wollen sie die große Show abziehen. Aus diesem Grund bringen viele Leute eine ganze Menge Klamotten mit, um u.a. am Abend auch schick auszusehen. Vergessen Sie das alles am besten, sonst verbringen Sie die meiste Zeit Ihres Urlaubes damit, irgendwelche Hosen, Hemden, Abendkleider oder ausgeflippte Klamotten ständig waschen, bügeln oder in den Schrank einräumen zu müssen. *Laundry Service*, das heiß auf Englisch: Wäscherei. Diese Dienstleistung findet man an jeder Straßenecke. In den meisten Fällen haben die Betriebe mittlerweile Waschmaschinen, mit denen die Bediensteten ihren Job machen. In vielen kleineren und billigeren Bungalow-Anlagen fern ab von den großen Touristenzentren findet man jedoch noch häufig diesen Service ohne das Hilfsmittel Waschmaschine. Hier arbeiten für wenig Geld meist Frauen als Wäscherinnen. Tun Sie mir einen Gefallen, und belästigen Sie solche Menschen nicht mit der Aufgabe Ihre *Unterwäsche* waschen und bügeln zu müssen. Machen Sie das im Hotel oder in anderen Unterkünften selber (im Waschbecken oder unter der Dusche), und geben Sie lediglich Klamotten wie Jeans, Hemden oder Handtücher in die Wäscherei. Viele Thais ekeln sich davor, solch einen Job zu machen – zumal es sich in ihren Augen noch um *primitive und gottlose Ausländer* handelt – die sich für billiges Geld die Wäsche machen lassen. Für das Kilo wird im Durchschnitt weniger als einen Euro genommen.

Trotz der warmen *tropischen Nächte* sollte man ein oder zwei Paar Jeans parat haben. Es gibt Gegenden überall in Thailand, da können die Stechmücken zu einer Plage werden. Vor allem in den Abendstunden kann es sehr nützlich sein, wenn lange Hosen und ein langärmeliges Hemd getragen werden.

T-Shirts, kurze Hosen und Badeschlappen aus Plastik können Sie problemlos überall kaufen.

Je nachdem – wo und wann Sie sich in Thailand am Strand aufhalten – ist eine leichte Jacke oder ein *Anorak* zu empfehlen. Sollten Sie durch irgendeinen Zufall doch mal einen Ausläufer der Regenzeit erwischt haben, werden Sie feststellen, dass ein kräftiger Schauer die Luft schon etwas abkühlen kann. An dieser Stelle möchte ich noch einen kleinen *Geheimtipp* zum Besten geben: Sind Sie auf Thailands Strassen unterwegs, sei es in einem Reisebus oder auf einem gemieteten Moped, und es sind so circa 35 Grad im Schatten, so werden Sie viele Thailänder/innen sehen, die auf ihren Mopeds unterwegs sind und Jacken oder Anoraks anhaben. Im ersten Moment erscheint das unverständlich. Da ich viele Jahre meines Lebens in diesem Land verbracht habe, und bestimmt noch ein paar Jährchen dort leben werde, weiß ich natürlich warum! Es geht um die ***Erkältungsgefahr***. Jemand hält sich bei 35 Grad mehrere Stunden auf, dann steigt er auf das Moped. Durch den Fahrtwind wird der Körper abrupt um 15 Grad abgekühlt. Die Leute schützen sich vor einer Erkältung. Ich hatte in meinem Leben einmal die so genannte ***Tropengrippe***. Eine Grippe bei uns in Europa ist dagegen eine Lachnummer. Ich war damals so stark erkältet mit allen möglichen starken Infektionen auf den Bronchien und im Hals-Nasen-Bereich, dass ich drei Tage Antibiotika nehmen musste. Die gleiche Vorsichtsmassnahme ist auch erforderlich, wenn jemand sich wochenlang am Beach aufgehalten hat und die Unterkunft keine Air-Con (Klimaanlage) hat. Kommt man dann in ein Gebäude mit Air-Con, muss man aufpassen, dass es keine Erkältung gibt!

ÜBERWINDEN SIE IHR WEST EGO

Die Werte und Normen der asiatischen und thailändischen Bevölkerung unterscheiden sich ***grundlegend*** von denen der deutschen, bzw. anderer europäischen Kulturen. Viele Bereiche des Lebens spielen sich in Thailand – und auch in anderen tropischen Regionen – im Freien ab. Frost, eisiger Regen, Kälte und Schnee …

das alles sind hier *Fremdwörter*, unter deren Bedeutung sich kaum einer etwas vorstellen kann. Durch das immer freundliche und warme Klima haben die Menschen wesentlich mehr Bewegungsfreiheit, als wir das von unseren heimatlichen Regionen her kennen. Die Menschen in tropischen Zonen – trotz der manchmal extrem hohen und gesundheitsschädigenden Temperaturen – teilen sich in friedlicher Art und Weise ihren Lebensraum. In Europa spielt der Begriff der *Abgrenzung* eine wesentlich stärkere Rolle als in Thailand. Naturvölker leben in Gruppen- und Familienstrukturen. Sie lachen, sind fröhlich und albern herum. Europäer sind einsamer und isolierter als Asiaten. Sie müssen ständig ihr eigenes *aufgeblähtes Ego* vor etwas anderem – oder vor anderen – verteidigen oder abgrenzen. Europäer erscheinen unflexibel, starr und steif. Sie haben Angst vor Spinnen, Mückenstichen und reagieren hysterisch beim Anblick einer Ratte, Maus oder Schlange.

Sind Sie in Deutschland geboren und aufgewachsen, so können Sie nicht innerhalb von wenigen Wochen das West-Ego verändern. Das braucht Zeit … viel Zeit. Nicht dass ich damit sagen wollte, dass das *Thai-Ego* besser wäre, nein, es ist anders. Das Thai-Ego ist flexibler und kollektiver als die Psyche der Westler. Ohne irgendwelche Menschen beleidigen zu wollen, kommt mir jetzt eine spaßige Erkenntnis über die Entstehung des Menschen in den Sinn: die Thais stammen von den *Affen* ab, die Deutschen vom *Rindvieh* oder *Schwein* … Im Gegensatz zum Thai-Ego scheint das West-Ego durch Zuverlässigkeit, Vertragstreue und Logik geprägt zu sein, was ich bei vielen Thais immer wieder vermisst habe. Sind Sie das erste Mal in Thailand, so muss ich eine kleine Information zum besseren Verständnis der thailändischen Bevölkerung anführen: fast alle Leute in Thailand die ein Geschäft betreiben oder Geld haben, sind keine reinen Thais, sonder Menschen *chinesischer Abstammung*. Sie betrachten sich selbst als Chinesen. Chinesen haben kein reines Thai-Ego, sondern es ist eine Mischung von Attributen westlicher und asiatischer Eigenschaften. Die gesamte Oberschicht in Thailand besteht aus Chinesen, die das gesamte Banken- und Wirtschaftswesen beherrschen.

Überwinden Sie Ihr *West-Ego*, indem sie aufgeschlossen und kritisch dem Neuen gegenüberstehen.

ZWEI VERSCHIEDENE WELTEN

Buddhismus und Christentum haben auf den ersten Blick nicht viel gemeinsam. Das wichtigste Element der buddhistischen Weltanschauung ist der Weg und das Ziel des Menschen sich vom *Leiden* loszulösen. Buddha hatte erkannt, dass die *Begierde* ganz eng mit dem *Leid* zusammenhängt. Die berühmte Wahrheit, die der Mensch irgendwann finden wird, ist nicht weit entfernt. Ohren, Augen und die Fähigkeit Gefühle wahrzunehmen sollten schon vorhanden sein. Dies ist leider bei vielen Menschen keine Selbstverständlichkeit mehr. Gehören Sie zu den Menschen, bei denen alle Sinnesorgane funktionieren, dann haben Sie schon fast die Wahrheit gefunden! Buddha sagt:
Glaubt an Eure eigene Vernunft und an die eigenen Gefühle, dann werdet Ihr die Wahrheit erfahren ... so einfach ist das ...
Sie müssen ja nicht gleich ein großer Philosoph werden, nur weil Sie ein paar Stunden unter einer Palme am tropischen Strand von Thailand sitzen. Zwischen der Erkenntnis und der letzten Stufe der unendlichen Glückseligkeit liegt natürlich der *Weg* dorthin. Dieser Weg kann lange dauern. Vielleicht wollen manche Menschen ja gar

nicht glücklich und zufrieden sein, vielleicht lieben ja manche Menschen die Probleme und das Elend der eigenen Existenz … wer weiß

Das Christentum propagiert die Nächstenliebe und den Glauben an einen allmächtigen Gott. Das Christentum ist eine *Religion*, der Buddhismus eine *Weltanschauung*.

In Thailand herrscht eine Religion bzw. Weltanschauung, die vermischt ist mit dem Glauben an die *Götter der Natur*. Thais sind zur Hälfte Buddhisten und der andere Teil glaubt an die Geister und Götter, die überall wohnen. Sie glauben an das *Irrationale* in der Welt. Bei uns in Deutschland wird höchstens an einen Handyvertrag, an die Krankenversicherung oder an einen Arbeitsvertrag geglaubt. Es gibt ja kaum noch unberührte Natur in Deutschland. Aus diesem Grund werden wir Westler von den Thais als gottlose und entwurzelte Menschen eingestuft.

Aber bitte … seien Sie deswegen nicht beunruhigt! Thais haben soviel Anstand und Einfühlungsvermögen, dass Sie das gar nicht spüren werden. Im letzten Kapitel *Fehler vermeiden* gebe ich Hinweise auf die wichtigsten Umgangsformen, Sitten und Bräuche.

Überall im Land sind die kleinen bunten und verzierten Geisterhäuschen aufgestellt. Erst werden Räucherstäbchen angezündet, dann beten die Menschen zu den Göttern und Verstorbenen, welche gnädig gestimmt werden sollen.

REISEZEIT UND REGENZEIT

In Ihrem *hart verdienten Urlaub* wollen Sie natürlich jeden Tag strahlend blauer Himmel. Es darf kein Tröpfchen Regen vom Himmel fallen. Die weltweite Klimaveränderung hat sicherlich auch das Tropenparadies Thailand erreicht. Generell gilt folgende Regel: Thailand kann das ganze Jahr über bereist werden mit Ausnahme der Region Ko Samui. Faustregel (gilt nicht für Ko Samui): wird es bei uns kalt, so beginnt in Thailand die ideale Reisezeit ... wird es bei uns wieder warm, so ist die Reisezeit in Thailand zwar noch durchweg akzeptabel, aber nicht mehr so ganz ideal. Also (gilt nicht für Ko Samui):

Mai bis Oktober – zeitweise Regenschauer (Monsun).

November bis Februar – angenehm kühl (25 bis 30 Grad im Schatten) und trocken.

März bis April – sehr heißes und feuchtes Klima. Feucht bedeutet nicht Regen, sondern eine extrem hohe Luftfeuchtigkeit.

In den Monaten November, Dezember, Januar und Februar sind demnach auch die meisten Urlauber in Thailand anzutreffen. Für einen perfekten Badeurlaub ist diese Zeit besonders ideal. Allerdings ist es so, dass in dieser Zeit die Kosten für Übernachtungen sehr hoch sind und teilweise ins *Gigantische* steigen. Sie können auch durchaus in unserem europäischen Sommer nach Thailand an den Strand gehen, wenn Ihnen pro Tag kurze Regenschauer von ein oder zwei Stunden nichts ausmachen. Es gibt auch Tage während der Monsunzeit, an denen es gar nicht regnet. Das kann auch eine ganze Woche sein. Viele Strände sind leer … keine oder nur wenige Touristen sind zu sehen. Die Hochburgen des Tourismus (Pattaya oder Phuket) sind allerdings immer stark besucht, unabhängig von der Jahreszeit!

Ko Samui (die Ausnahme):
Auch hier muss wieder ausdrücklich betont werden, dass die allgemeine Klima-veränderung nicht vor den Toren Thailands halt gemacht hat. Für Samui Island oder auf thailändisch: *Ko Samui* gelten folgende Regeln:
Februar bis Juni – beste Reisezeit.

Juli bis Oktober – nicht ganz ideal, es kann öfters mal regnen.

November bis Januar – hohes Risiko, dass der Urlaub total versaut ist. Zeitweise viel Regen, bis hin zu Überschwemmungen.

Mein Tipp: Informieren Sie sich vor Antritt der Reise genau über alles, was wichtig ist. Wollen Sie hundert Prozent auf Nummer Sicher gehen, was den Sonnenschein betrifft, so sollten Sie unbedingt die unterschiedlichen Reisezeiten beachten. Alte Thailandfreaks – wozu ich mich mittlerweile zähle – interessiert das Wetter in Thailand nicht mehr sonderlich. Das Wichtigste: nur weg aus dem kalten Europa !!

FAMILIENURLAUB MIT KINDERN

Viel verheiratete weiße Pärchen mit einem Sprössling oder gleich zwei sieht man häufig an den Stränden von Thailand. Ist genug Geld vorhanden, ist solch ein Vorhaben kein Problem. Wenn Sie allerdings das erste Mal nach Thailand fahren, sollten Sie meiner Meinung nach sich das reichlich überlegen, wenn Sie gleich mit der ganzen Familie reisen.

Sie haben als Alleinreisende/r oder zu Zweit alle Hände voll zu tun, um dieses außergewöhnliche asiatische Land zu verstehen und zu verarbeiten. Kommen dann noch die spezifischen Probleme mit Kindern hinzu, so sind Sie schnell überfordert. In den meisten Fällen habe ich befreundete Familien mit Kindern in Thailand gesehen. Da ist man bei auftretenden Problemen nicht alleine. In den – von der Fläche her – großzügiger angelegten Bungalow Anlagen, im Gegensatz zu den Hotels, kann man sich dann zwei Bungalows mieten. Einen für die Eltern, den anderen für die Kids. Sind Sie mit zwei Familien unterwegs, sind das schon 4 Bungalows.

Verlassen Sie sich bei einer Urlaubsplanung auf die *Informationen* von Freunden und Bekannten. Sicherlich werden bei Google eine Menge Ergebnisse angezeigt, wenn man „Familienurlaub Kinder Thailand" eingibt.

Menschen, die in großen Städten geboren und aufgewachsen sind, werden am tropischen Strand eine nicht zu unterschätzende *Umstellungsphase* durchleben müssen, zumal vieler Orts nach dem Strand – in Richtung Landesinnere – meist der Dschungel folgt.

Bekanntschaften mit kleinen tropischen Tierchen sollten eingeplant werden.

KOSTEN UND UNTERKÜNFTE

Urlauber wohnen in **sündhaft teuren** Hotels, aber auch in **billigen** und einfachen Bambushütten direkt am Meer, für welche die thailändischen Vermieter nur umgerechnet zwei Euro pro Tag nehmen.

Irgendwo zwischen diesen beiden Extremen werden Sie sich wieder finden. Im Normalfall ist es so, dass die teuersten Unterkünfte, welche direkt am Strand liegen, auch die komfortabelsten sind. Hier werden die Touristen rund um die Uhr versorgt. Swimmingpool, Klimaanlage, Blick aufs Meer, Wellness, direkter Anschluss für Bootstouren und andere Ausflüge. Ob jedoch das Essen in den Nobelhotels besser und frischer ist, als man es in den billigen Unterkünften für Aussteiger und Traveller angeboten bekommt, das sei dahingestellt.

Das beste Essen bekommen Sie immer da, wo die Einheimischen einkaufen oder selbst das Restaurant besuchen.

Die Kosten: die Preise für die Bungalows variieren zwischen 100 Thaibath bis zu 2000 und noch mehr für luxuriöse Behausungen mit Air-Con. In der Hochsaison (das ist der europäische Winter) werden die Preise kräftig angehoben. In der Nebensaison bekommt man einen Bungalow, der normalerweise 1000 Bath kostet, vielleicht für 300 pro Tag. In den einfachen und billigen Bungalowanlagen können mit den Vermietern Sonderkonditionen ausgehandelt werden, wenn man längere Zeit (z.B. einen Monat) bleiben will. Kennen Sie die Vermieter aber noch nicht lange, oder Sie sind das erste Mal in einer Anlage zu Gast, so würde ich empfehlen, nicht zuviel im Voraus zu bezahlen.

Eine andere sehr beliebte Unterkunftsform ist das *Guesthouse*. Das Gästehaus ist gehäuft in den Urlauberzentren an den Stränden zu finden. Auch hier gibt es unterschiedliche Standarts. Die billigen Zimmer haben meist keine eigene Toilette mit dabei. Es können die Gemeinschaftsräume (Toilette und Dusche) auf dem Flur benutzt werden. Die Atmosphäre in den Guesthouses ist familiärer als in einem normalen Hotel. Immer wieder habe ich Leute beobachtet, die mit einem *Reiseführer* in der Hand die kostengünstigen Unterkünfte suchen, welche in den Büchern beschrieben sind. Thailand verändert sich sehr schnell. Was letztes Jahr noch als der absolute *Geheimtipp* gehandelt wurde, kann dieses Jahr schon eine fürchterliche *Katastrophe* sein, was die Qualität der Unterkunft und Kosten anbelangt. Fast alle in den Buchhandlungen käufliche und zum Teil recht populäre Reiseführer beschränken sich auf die Namen von Hotels,

Guesthouses oder Bungalows. Es wird noch angegeben, in welcher Strasse diese zu finden sind und was die Übernachtung kostet. Basta. Vielleicht war vor zwei Jahren eine Köchin dort beschäftigt, die mal eine zeitlang nicht gut drauf war. Schon wird geschrieben, dass in diesem Hotel der Service schlecht ist. Ich verzichte deshalb auf Angaben zu konkreten Übernachtungsmöglichkeiten mit Adressen und Kosten. Sie können überall in Thailand an den Stränden das ganz *persönliche Paradies* finden.

MASSAGE UND ANDERE VERGNÜGEN

In nahezu fast allen Urlaubsgebieten am sonnigen Strand wird die berühmte *Thai-Massage* angeboten. In kleinen offenen Stroh- oder Bambushütten werden die Dienste angeboten. Vereinzelt liegt unter einer Palme nur eine geflochtene Matte, auf der sich der Urlauber durchkneten lassen kann. Erst liegt der Patient auf dem Bauch, dann auf dem Rücken und zuletzt wird im Sitzen noch unter die Arme gegriffen und der steife weiße Körper in alle Richtungen gestreckt und gedehnt. Sehr empfehlenswert kann ich nur sagen. Übertreiben Sie es nicht, sonst können zeitweise kleine *geistige Verwirrungen* auftreten, wenn jahrelang bestehende körperliche Verkrampfungen in kurzer Zeit zu schnell gelöst werden.

Thailand ist natürlich seit mehreren Jahrzehnten sehr in Verruf geraten wegen dem staatlich geförderten *Sextourismus*. Alle Menschen – ob Frau oder Mann – interessieren sich für dieses Kapitel. Frauen wollen wissen, ob die weißen Männer wirklich mit relativ wenig Geld eine Thaifrau „*kaufen*" können, und ob sie dabei auch wirklich „*glücklich*" werden. Alleinstehende Männer aus Europa oder Amerika sind ganz wild darauf in Thailand eine exotische Schönheit vernaschen zu können. Lange Rede … kurzer Sinn … oder umgekehrt …

Überall in der Urlauberhochburgen von Thailand gib es die so genannten *Bars*. Eine Bar ist nicht gleichzusetzen mit dem *Puff*. Das ist etwas völlig anderes. Die korrekte Bezeichnung für diese Art von Einrichtung wäre: *Bierbar*. In der Thaisprache bezeichnet man das als „*bar-bier*". Das hat nichts mit dem Frisör zu tun, sondern es handelt sich hier um ein spezielles Phänomen in der Thaisprache. Viele Bedeutungen und Wörter werden vergleichsweise zur europäischen Sprache „umgedreht". In diesen Bars können Sie nach der Polizeistunde (meist 24 Uhr) eine dort arbeitende Frau gegen entsprechende Bezahlung mit in das Hotel oder in eine andere private Unterkunft mitnehmen – falls die Thailänderin das will. Hat die Frau das Gefühl, dass es mit dem Ausländer nur Probleme gibt, so wird sie nicht mitgehen und auf das Geld verzichten. In den wenigsten Fällen sind die Frauen an einer wirklichen Freundschaft mit dem Tourist interessiert. Sie wollen nur das Geld kassieren.

FESTE FEIERN

Die Thais sind Weltmeister im Feiern von Festen. In Thailand ist jeder Anlass willkommen einen ganz normalen Arbeitstag ausfallen zu lassen. Ob das der Geburtstag vom König oder dessen Frau ist, ob die Christen Weihnachten feiern (die Thais haben mit der christlichen Religion nicht viel zu tun) oder ob mal wieder jemand gestorben ist – alles wird zum Feiern genutzt. *Beerdigungen* ziehen sich manchmal über Tage hin. Buddhistische Geistliche trommeln Stunden in einem hypnotisierenden Rhythmus. Es wird gebetet, getrauert, gegessen und getrunken. Das Lustigste ist, wenn die buddhistischen Thailänder Weihnachten feiern. Kein Mensch hat auch nur die geringste Ahnung, worum es bei diesem Anlass eigentlich geht. Die Thais sind jedoch hell entzückt über eine Figur, die sich *Nikolaus* nennt, und welcher viele

Geschenke verteilt. Der Tag des **Kindes**, der Tag von **Loy Krathong**, an dem alle Sorgen, Nöte und Sünden auf kleinen selbst gebastelten Schiffchen mit brennenden Kerzen drauf ins Meer hinaus schwimmen oder das **chinesische Neujahrsfest** ... um nur einige zu nennen. Halten Sie sich im April irgendwo im Land auf, so sollten Sie, wenn Sie morgens aus dem Hotel gehen, keine wertvollen Gegenstände – wie ein Fotoapparat z.B. – mitnehmen. **Songkran** heißt dieses Fest. Die Tage des **Wassers**. Überall bespritzen sich die Leute mit Wasser. Manchmal bekommen Sie gleich einen ganzen Eimer über den Kopf geschüttet.

Die Zauberwörter der thailändischen Mentalität: **sanuk** und **sabai**. Sanuk heißt: es macht Spaß. Sabai: mir geht es gut, ich bin zufrieden ...

URLAUB ZU ZWEIT

Sie haben eine feste Beziehung und wollen mal mit Ihrer großen Liebe eine Fernreise machen. Vielleicht sind Sie schon 20 Jahre glücklich verheiratet und möchten einen Blick in das berühmte und **berüchtigte Thailand** werfen.

Sie werden begeistert sein. Ein Freund von mir ist mittlerweile in Deutschland glücklich verheiratet. Er und seine deutsche Frau haben aber in Thailand mit all den Zeremonien von buddhistischen Mönchen geheiratet. Diese Sachen sind mittlerweile auch im Land des Lächelns machbar. Vergleichen kann man das mit einer Heirat in Las Vegas (USA). Es sollte aber das nötige *Kleingeld* für solch ein Vorhaben zur Verfügung stehen. Die Thais sind wirklich begeistert, wenn sie eine gut funktionierende Ehe oder Freundschaft zwischen Weißen antreffen. Lieben Sie als Frau Ihren Auserwählten abgöttisch, so sollten Sie sicher sein, dass er nicht beim Anblick der vielen *schnuckeligen Thaifrauen* schwach wird, sonst könnte es passieren, dass der Urlaub zu einem Albtraum wird!

Grundsätzlich gilt: ein Kurzurlaub von 3 Wochen ist nicht billig, da die weite Entfernung – im Gegensatz zu den Kanaren zum Beispiel – zu Buche schlägt. Bleiben Sie ein oder zwei Monate, wird die Sache schon interessanter. Einfache aber dennoch akzeptable Unterkünfte sind – genauso wie das Essen – sehr günstig im Vergleich zu Europa.

BLUMEN, TIERE UND DIE NATUR

Die tropische Natur ist gigantisch. Auf den ersten Blick wirkt alles unheimlich stark und groß. Das gewaltige Meer und die hohe UV-

Strahlung der ewigen Sonne bringen ein Vielfaches an Natur hervor, als das bei uns in Deutschland der Fall ist. Wilde *Affen* kommen aus dem Dschungel an den Strand herunter, riesige *Leguane* von bis zu einem Meter Länge tummeln sich im Gestrüpp am Rande des Waldes und hier und da macht man die Bekanntschaft mit einer *Schlange*. Als unerfahrener Tourist sollten Sie nur auf kleinen Strassen oder Wegen, die durch den Dschungel führen, zu Fuß unterwegs sein. Hier sind Sie sicher, dass nicht der tödliche Biss einer Schlange Sie ins Jenseits befördert. Allerdings muss ich sagen, dass auch hier eine *Cobra* über den Weg kommen kann. Sie wird sich aber nicht angegriffen fühlen, da sie ja auch unterwegs ist.

Spinnen und andere Insekten sind größer und zahlreicher als in nicht-tropischen Regionen.

Ich habe viele Jahre am Strand von Südthailand gewohnt und muss zu Ihrer Beruhigung sagen, dass niemand vor Schlangen oder Insekten Angst zu haben braucht. Bewegen Sie sich nur auf öffentlichen bzw. sichtbaren Wegen oder Strassen, so können Sie sicher sein. An den Stränden sollte man möglichst Badeschuhe tragen. Vor allem spitze und scharfkantige *Muscheln* können zum Verhängnis werden. Vereinzelt gibt es Regionen, wo die *Feuerquallen* zu bestimmten Jahreszeiten im Meer schwimmen. Kommen diese pulsierenden Quallen mit dem menschlichen Körper in Berührung, so können sie schon einen kleinen Schreck auslösen. Es ist wie ein kleiner Stromschlag, den man bekommt. Ein paar Tage ist die Haut gerötet und juckt vielleicht, dann ist wieder alles vorbei.

1000 verschiedene Arten von Fischen, Vögeln, Schmetterlingen, Blumen und Früchte gibt es. Kommen Sie das erste Mal auf einen ganz normalen Markt für die einheimische Bevölkerung, so werden Sie überrascht sein. Innerhalb von 3 Wochen ist es nicht möglich, all die süßen Früchte und andere Leckereien auszuprobieren. Zum Teil werden dort Früchte angeboten, die ich nie zuvor irgendwo anders gesehen hatte, bevor ich Anfang/Mitte der 80er Jahre das erste Mal nach Thailand kam.

Für mich war das damals ein ganz wichtiges *Erlebnis* gewesen. Ich sah auf einmal, dass das, was in Deutschland als Realität existiert – mit all den Werten und Normen für den Einzelnen – nur ein ganz winziger Bruchteil vom Ganzen sein kann … nämlich von der Erde und des Universums …

Sitzen Sie in der Abendsonne am Strand, und lassen die gigantische Natur der Tropen in sich einwirken, so kommt Ihnen auf einmal das eigene Leben in Deutschland so klein wie ein Sandkorn des Strandes vor.

ERSTE KONTAKTE ZUR BEVÖLKERUNG

Kommunikative Menschen werden sehr schnell Kontakte in der Bevölkerung finden. Im Hotel, in der Bungalowanlage oder im Guesthouse werden die Urlauber vermutlich die ersten Berührungen mit den Einheimischen haben. Mit großer Sicherheit wird auch Ihnen eine Reihe von Standartfragen gestellt:

what is your name?
Wie ist Dein Name. Schon treten die ersten Sprachschwierigkeiten auf. Die Aussprache beider sehr unterschiedlichen Sprachen ist total verschieden. Die Laute im Thailändischen können meist nur mit einer lockeren und unverkrampften Zunge richtig hervorgebracht werden. Für die Thais klingt das Deutsche sehr hart und starr. Nehmen Sie die ganze Sache nicht so ernst und machen Sie die ersten Sprachübungen.

where you come from?
Wo kommst Du her, aus welchem Land? Erzählen Sie den Thais etwas über das berühmte Deutschland. Sie werden erstaunt

sein. Thais kennen viele deutsche
Fußballspieler, Mercedes Benz, BMW und das
bekannte deutsche Bier, was wir wie Wasser
trinken.

how long you stay?
Thais wissen, dass die meisten Fremden als
Urlauber in ihre Heimat kommen. Die
Aussländer kommen und gehen. Manche
bleiben nur ein paar Tage, andere wiederum
viele Jahre.

what you work?
Was arbeitest Du in Deiner Heimat? Was für
eine Art Job machst Du? Hat der Tourist einen
etwas schwer zu erklärenden Job in Europa, so
würde ich raten, dass man sich hier etwas
Einfaches und Verständliches ausdenkt, um
den Informationshunger der Thais zu stillen.
Entwickeln Sie eine neue spezielle Software,
so sagen Sie einfach: Ich baue Computer
zusammen! Andere Berufe, wie Landwirt,
Handwerker oder Lehrer sind schon mehr
verständlich für die thailändische
Normalbevölkerung. Wenn der thailändische
Gesprächspartner sogar an einer Universität
studiert hat, so kann man davon ausgehen,
dass ein gutes und gehobenes Bildungsniveau
vorhanden ist. In diesem Fall können Sie sich
wie mit einem Europäer unterhalten.

how many children you have?

Wieviele Kinder hast Du? Diese Frage ist
enorm wichtig. Die Familie ist in Thailand
eine Garantie für die Zukunft. Je mehr Kinder
Sie haben, desto finanziell abgesicherter sind
Sie im Alter. Außerdem ist es ein Beweis für
Ihre Gesundheit und die des Partners. Sind Sie
jedoch ein überzeugter Single (so wie ich) und
wollten nie Kinder – haben auch keine – so
sollten Sie den Thais besser eine perfekte
Lügenstory auftischen! Keine Kinder zu haben
wird in Thailand als etwas Abnormales
eingestuft. Denken Sie sich auch gleich aus,
wie viele Kinder Sie haben, und achten darauf,
dass mindestens so viele Söhne wie Töchter
gezeugt wurden. Auch in Thailand werden
Schwangerschaften abgebrochen. Dieses
Thema sollte bei Diskussionen zwischen
weißen Urlaubern und Einheimischen nicht
behandelt werden.

how much you have one month?

Wieviel verdienst Du pro Monat? Eine sehr
heikle Frage. Die Frage sollte lauten: wieviel
Geld bleibt dem Deutschen am Ende des
Monats übrig, wenn all die hohen Kosten wie
Miete, Strom, Auto und Heizung abgezogen
sind. Haben Sie noch Kinder zu ernähren, so
sieht es noch schlechter aus im reichen

Industriestandort Deutschland. Wenn der Strandurlauber es geschafft hat, all diese komplizierten Faktoren einem Thai verständlich zu vermitteln, so hat er Großes geleistet!? Thais können mit dem Begriff *Heizkosten* nichts anfangen. 500 Euro *Miete* für eine kleine Wohnung verstehen sie auch nicht ganz. Hat der Urlauber aus Germany am Monatsende z.B. 1500 Euro freies Geld übrig, so wären das ca. 60.000.- bis 70.000.- thailändische Bath. Mein *Tipp*: vermeiden Sie – wenn es geht – solche Unterhaltungen. Thais werden nicht oder nur ganz schwer verstehen, dass eine Familie mit zwei Kindern dieses Geld bitter nötig hat, muss zudem noch Miete bezahlt und ein PKW unterhalten werden. Will Sie dennoch jemand auf eine Summe festnageln, so sagen Sie einfach 15.000.- oder 20.000.- Bath.

how much is the ticket?

Wieviel hat das Flugticket gekostet. Diese Frage zielt auf das Gleiche hinaus, wie die anderen mit dem Thema Geld. Stehen Sie am Ende einer Unterhaltung als *reich* da, und die Thais als *arm*, so erwarten die Thais von Ihnen eine *christliche Nächstenliebe.*

Geschäfte und Tricks gibt es überall auf der Welt. So auch in Thailand. Ein Ausländer darf in Thailand grundsätzlich kein Grundstück besitzen. Die *Herrschenden* im Lande wollen das so, und es wird auch dabei bleiben. Durch diverse ganz legale Kniffe und Tricks kann man dies alles umgehen. Alles ist sehr kompliziert und aufwendig. Des Rätsels Lösung: der Tourist kauft ein Haus mit Grundstück, das auf den Namen eines Thais oder gleich seiner großen Thailandliebe in das Grundbuch eingetragen wird. Von diesem Thai oder der Thailänderin mieten Sie das Ganze für 15 oder 30 Jahre. Stirbt der schlaue Tourist jedoch, so kann der rechtmäßige Besitzer das Anwesen gleich für sich selbst nutzen.

SINGLE URLAUB ... GROSSE LIEBE GEFUNDEN ??

Ein ganz *heikles* Thema in Thailand ist ein Liebesverhältnis zu einer Frau oder zu einem Mann aus der Bevölkerung dieses tropischen Landes. Verhältnisse von weißen Männern zu Thaifrauen sind an der Tagesordnung. Beziehungen von Europäerinnen oder Amerikanerinnen zu Thaimännern weitaus seltener. Aber es gibt sie. Erst kürzlich habe ich im deutschen Radio eine Sendung gehört, wobei es um die Frage ging, was ist eigentlich schön? Welche Prozesse spielen sich im Gehirn ab, wenn es um die Einstufung bzw. Erkennung eines schönen Menschen oder nicht schönen Menschen geht: *die Haut*. Die Beschaffenheit der menschlichen Haut spielt anscheinend eine sehr dominante Rolle bei der Auslösung von Liebesgefühlen. Thailänder-innen und auch Thaimänner haben durchweg eine schöne Haut. Thais wirken auf den ersten Blick wesentlich ästhetischer als die weißen, massig und steif dahergekommenen Urlauber. Zunächst gehe ich erst einmal von der *klassischen Situation* aus: Ein Nordeuropäer fährt alleine nach Thailand. Grundsätzlich gibt es *zwei verschiedene Möglichkeiten* eine Bekanntschaft mit einer Thaifrau zu machen.

- Sie treffen eine Thaifrau auf einer Vergnügungsmeile in irgendeinem Touristengebiet.

- Sie treffen eine Frau in einem anderen Bereich des Lebens.

Für die *lieben Leserinnen* dieses Badeurlaub-Reiseführers durch das Land des Lächelns werde ich auch noch auf die speziellen Probleme eingehen, die auf Sie zukommen, wenn Sie sich in einen Thaimann verliebt haben.

In allen Tourismusgebieten am Meer gibt es irgendwo eine Bar. In den berühmten

Badeorten wie Pattaya oder Phuket gibt es tausende Bars, in welchen nach Anbruch der Dunkelheit tausende von Frauen ein Liebesabenteuer mit einem Ausländer gegen entsprechende Bezahlung wagen. Manche Frauen wollen nur das *schnelle Geld* machen und sind an einer Heirat und Umzug in das Heimatland des Urlaubers gar nicht interessiert. Andere hingegen sind auf der Suche nach einem akzeptablen Partner, mit dem sie auch als Ehefrau in Deutschland zum Beispiel leben würden. Der wichtigste Faktor bei diesem lustigen Treiben ist das Geld. Je spendierfreudiger sich der weiße Tourist präsentiert, desto mehr Küsschen, Umarmungen und Liebesbeteuerungen kann er auf seinem Konto verzeichnen. Geht das Geld zur Neige, lässt das mit der *großen Liebe* auch schnell wieder nach. Wie überall auf dieser großen schönen Welt sollte man sich ganz im Klaren darüber sein, was man selber will. Die meisten Urlauber kommen für drei Wochen nach Thailand. Sie können durchaus Ihre kostbare Zeit in Begleitung einer *exotischen Schönheit* verbringen. Handeln Sie vorher die Höhe der Zahlungen mit der Geliebten aus, damit am Ende des Urlaubes nicht noch Streitereien aufkommen. Sind Sie das erste Mal in Thailand und kennen die Mentalitäten der Bevölkerung nicht, so würde ich raten,

Ihrer Teuersten das Geld täglich zu geben. In diesem Fall können Sie sicher sein, dass die Frau – wenn sie mal einkaufen geht oder sonst etwas erledigen muss – wieder den Weg zurück zu Ihnen findet!

Sind Sie an **detaillierten Informationen** über die thailändische Gesellschaft interessiert, und wollen Sie hinsichtlich der speziellen Problematik bei Beziehungen von Weißen zu Thailänderinnen oder Thaimännern Tipps und Hilfe haben, so kann ich das Taschenbuch von *Michael Schmitt* mit dem Titel: ***Thailand und die guten Sitten*** empfehlen (ISBN: 9783833496387).

Die zweite Variante: Sie treffen irgendwo in einem Supermarkt an der Kasse, an einer Tankstelle, an der Uni in Bangkok oder in einem Restaurant eine Frau, in die Sie sich verliebt haben. Kommt die Frau aus besseren gesellschaftlichen Verhältnissen, so haben Ausländer ganz schlechte Karten. In den meisten Fällen wird die Familie der Heirat mit einem Weißen *nicht* zustimmen. Die Familienangehörigen Ihrer Auserwählten werden einer Lovestory eventuell nur dann zustimmen, wenn hier und da etwas von den geliebten Geldscheinen rüberkommt. Reiche Thaifamilien (meist chinesischer Herkunft) möchten darüber hinaus sowieso keinen fremden Einfluss. Sind Sie in Deutschland ein armer Schlucker, so bleibt Ihnen definitiv nur ein zeitlich begrenztes Abenteuer mit irgendeiner Barfrau übrig, die meist selbst aus armen Verhältnissen stammt.

Hier und da kommt es vor, dass sich eine *schöne weißhäutige Frau* in einen Thai *verliebt*. Ich kenne auch Fälle, bei welchen der Thaimann mit nach Deutschland gegangen ist und dort einer geregelten Arbeit nachgeht. Konflikte können entstehen, wenn das Ego des Mannes in Richtung Macho ausgebildet ist. Die meisten Thaimänner sind es gewohnt, dass sich die Frau – zumindest innerhalb der Thaigesellschaft – unterordnet. Viele Thaimänner gehen nicht arbeiten, sondern lungern den ganzen Tag irgendwo mit Freunden herum. Brauchen sie Geld für eine Flasche Whiskey, so bekommen sie es in der Regel von ihren Ehefrauen. Sind *Drogen* im Spiel, dann ist höchste Vorsicht geboten. Die Liebe ist dann zu Ende, wenn der schönen weißen Touristin das Geld ausgeht. Viele Thais sind durch und durch *Zocker*. Es herrscht im ganzen Land eine richtige Lotterie-Manie. Geheime Treffs, bei denen Karten mit zum Teil hohen *Geldeinsätzen* gespielt wird, sind weit verbreitet.

URLAUB ZU ENDE ... WAS DANN ??

Nun ist *Frust* angesagt. Leider Frust pur.
Vielleicht nicht ganz. Sind Sie selbst etwa von
Thailand total frustriert, so kommen Sie
zurück nach Deutschland in das Land der
Träume ... wo Milch und Honig fließt.

Waren die Urlauber ganz begeistert vom
tropischen Paradies, so müssen sie nun unter
die kalte Dusche.

Am Flughafen angekommen, fallen jedem
sofort die kalten und starren Gesichtszüge der
Zollbeamten (und auch der anderen
Menschen) auf. Müssen Sie am Montag
wieder arbeiten, so gebe ich als Autor dieses
kleinen Ratgebers folgenden *Tipp*: Stürzen Sie
sich voll in die Arbeit! Nur nicht nachdenken.
Denken Sie nur daran, dass am Monatsende
wieder etwas *Cash* auf dem *Konto* sein wird.
Kaufen Sie sich ein frisches *Brot* und Käse.
Butter und eine Flasche französischer *Rotwein*
sollten nicht fehlen. Schalten Sie den
Fernseher ein, und schauen einen abartigen
und brutalen Krimi mit vielen Morden und
Verhaftungen. Tausende von unlösbaren
Problemen, Angst und Schrecken dürfen
natürlich nicht fehlen.

Sind die Heimkehrer dann immer noch nicht

in die herrliche Wirklichkeit
zurückgekommen, so besorgen sich diese bitte
eine Portion *Sauerbraten mit Knödel* und viel
Soße, dazu Preiselbeeren. Das schmeckt
immer gut und beruhigt die Nerven. Das meine
ich ernst!

KRANKHEITEN

Dieses Thema wird wohl die meisten Leute
interessieren, die nach Asien fahren oder
fliegen wollen. Die lieben Krankheiten …
Es gibt viele Krankheiten auf dieser Welt. Das
größte Problem weltweit ist wohl die
Immunschwäche. Kommen Sie nach Thailand,
so gibt es mehrere spezifische Probleme:

AIDS
Überleben Sie meist nicht. Durch teuere
Medikamente kann das Sterben hinausgezögert
werden. Weltweit sollen angeblich einige
Menschen immun gegen AIDS sein (Bericht
eines Mediziners im TV).

Hepatitis
Leberentzündung mit verschiedenen
Gefährlichkeitsstufen und Heilungschancen.

Weißhäutige Menschen erkranken bei
Infektion sehr ernsthaft, können jedoch geheilt
werden. Viele Asiaten sind immun gegen
Hepatitis.

Malaria oder Dengue Fieber

Sehr ernsthafte Erkrankungen die zum Tod
führen, falls sie nicht richtig behandelt werden.
Malaria ist normalerweise heilbar. Dengue
Fieber ist die Hölle auf Erden. Dieses Fieber
ist eine extreme Steigerung von Malaria. Die
Infektion läuft über die weltbekannten
Moskitos ab. *Moskitos* sind ganz normale
Stechmücken, welche die heilbare Malaria
übertragen, aber auch das lebensgefährliche
Dengue Fieber.
Das gefährliche Fieber kommt Gott sei Dank
in Thailand nur sehr selten vor. Es gibt – wie
bei AIDS – keine verlässlichen
Heilungschancen. Sie müssen warten, bis das
extrem hohe Fieber vorbei ist. Das Blut wird
so heiß, dass es aus den Poren der Haut
austritt.

Durchfallerkrankungen

sind auch sehr gefährlich, falls sie nicht
behandelt werden. Gäbe es keine hoch
dosierten Antibiotika-Spritzen, so würde diese
Krankheit in den meisten Fällen tödlich
verlaufen für die meisten Europäer.

Thailänder/innen sind gegen viele
Durchfallerkrankungen immun.

FEHLER VERMEIDEN

Wollen Sie die schlimmsten Fehler, die man
als Tourist in Thailand machen kann,
vermeiden, so sollten Sie sehr behutsam mit
den Thais umgehen und verschiedene Sachen
beachten. Ich kann hier nur einen kleinen
Überblick über das komplexe Thema Thailand
geben. Eines kann ich gleich jetzt schon sagen:
Sie werden immer ein kulturloser und weißer
Barbar bleiben, auch wenn Sie schon viele
Jahre im tropischen Land der Freien gelebt
haben. Sie werden nie oder selten einen
Zugang zum kollektiver Ego der
Thaibevölkerung bekommen, auch wenn Sie
sich noch so bemühen. Bevor sich Thais
irgendetwas oder irgendwem unterordnen
müssen, tauschen sie lieber mit dem Tod.
Die häufigsten Fehler von weißen Urlaubern
werden hier vermieden:

- Bleiben Sie locker
Überanstrengen Sie sich im Urlaub nicht.
Schlafen Sie aus, und verplanen nicht die
kostbarsten Tage des Jahres. In drei Wochen
ist es unmöglich ganz Thailand kennen zu
lernen. Thais machen sich immer wieder

insgeheim lustig darüber, wie gestresst und abgekämpft die weißen Touristen im Land ankommen. Soviel Geld in der Tasche ... und so viele Probleme ... das können viele Thais nicht verstehen.

- *Belästigen Sie nicht andere Menschen mit auffälligen Sex-Klamotten*

Thailand ist entgegen weit verbreiteter Meinung ein sehr *konservatives* Land. Die sündigen Meilen in den großen Urlaubszentren – mit all den Bars und Massagesalons – spiegeln nicht die thailändische Realität wieder. Das sind abgegrenzte Bereiche, welche ausschließlich für die Tourismusindustrie geschaffen wurden. Zweifelsohne gibt es neben den Angeboten für die ausländischen Sextouristen überall in Thailand noch Karaoke-Bars, Massage-Salons und andere Bordelle, welche nur für die einheimische Männerwelt existieren. Thais denken in dieser Beziehung ganz pragmatisch und einfach, auch wenn viele Westler das vermutlich nicht ganz verstehen wollen oder können: Zieht jemand *extrem sexy Klamotten* an, so wird dieser Mensch automatisch mit dem Sex-Geschäft in Verbindung gebracht. Andere Länder ... andere Sitten. Ich habe auch lange gebraucht,

bis ich das nach all den Jahren in Thailand
verstanden hatte.

- Zeigen Sie sich höflich und dankbar

Sie sind Gast in einem fremden Land, und so
sollte man sich auch verhalten. Kommen Sie
nicht wie arrogante und eingebildete Pinsel
daher, und verlangen von irgendwelchem
Personal im Hotel zum Beispiel, dass alle nach
Ihrer Pfeife tanzen. Bedanken Sie sich bei den
Thais für alles, was diese für die Urlauber tun.
Geben Sie nicht zuviel, aber auch nicht zu
wenig Trinkgeld, falls Sie im Restaurant
sitzen. 1 oder 2 Bath gibt man einem Bettler.
10 Bath sind immer angemessen.

- Hände weg von Drogen

Viele Traveller kommen nach Thailand und
fragen dann gleich nach dem bekannten Thai-
Gras. Sie werden es nach wie vor meist in den
billigen und etwas abgelegenen
Bungalowanlagen bekommen. Auch der
Konsum von Drogen jeglicher Art ist streng
verboten. Sitzen Sie einmal in einem Thai-
Knast, so haben Sie ganz schlechte Karten!

- protzen Sie nicht mit großen
Geldscheinen

Kommen Sie gerade von der Bank, oder haben
bei einer Wechselstube eine für thailändische

Verhältnisse größere Summe Geld in den Händen oder in der Tasche, so verstauen Sie den größeren Teil dezent irgendwo, und behalten zum Bezahlen nur kleinere Summen griffbereit. Der Anfang von allem Übel ist der Neid.

- machen Sie sich nicht über Thailand oder die dort lebenden Menschen lustig
Thais sind nicht dumm. Sie wissen, dass ihr Land nicht zu den reichen Industrienationen der Welt gehört. Dafür hat Thailand jedoch viele andere schöne Sachen zu bieten, die es bei uns nicht gibt. Sind Sie vorsichtig, was Sie in der Öffentlichkeit über Thais sagen, auch wenn das in deutscher Sprache geschieht. Hin und wieder tauchen meist Thaifrauen auf, die etwas Deutsch verstehen, da sie früher einmal in Deutschland gelebt hatten.